Jan Wagner

Regentonnenvariationen

Gedichte

Hanser Berlin

5   18 17 16 15

ISBN 978-3-446-24646-1
© Hanser Berlin im Carl Hanser Verlag München 2014
Alle Rechte vorbehalten
Satz im Verlag
Druck und Bindung: CPI – Ebner & Spiegel, Ulm
Printed in Germany

MIX
Papier aus verantwortungs-
vollen Quellen
FSC® C006701

I

giersch

nicht zu unterschätzen: der giersch
mit dem begehren schon im namen – darum
die blüten, die so schwebend weiß sind, keusch
wie ein tyrannentraum.

kehrt stets zurück wie eine alte schuld,
schickt seine kassiber
durchs dunkel unterm rasen, unterm feld,
bis irgendwo erneut ein weißes wider-

standsnest emporschießt. hinter der garage,
beim knirschenden kies, der kirsche: giersch
als schäumen, als gischt, der ohne ein geräusch

geschieht, bis hoch zum giebel kriecht, bis giersch
schier überall sprießt, im ganzen garten giersch
sich über giersch schiebt, ihn verschlingt mit nichts als giersch.

ein pferd

»The well-aimed phrase is a whip
your poem a horse.«
(Michael Donaghy, nach Lu Chi)

ist es ein fuchs, ein schimmel oder rappe,
hengst oder stute,
was durch den garten trabt und am rhabarber
zugange ist, an der lavendelstaude?

was dort über die triplebarre
hinwegsetzt, nur um in der mitte
des schlachtfelds zu landen, vor den karren
mit fässern und die goldene pyramide

aus heu gespannt? das kaltblut,
das aus brabant ein kiloschweres herz
heranschleppt und das V, den leichten pflug
der wildgänse, oder der lipizzaner, der als schwärze

geboren wird, der über alle felder
hinwegzutänzeln weiß und immer weißer,
der zum triumph wird, alle welt ins schach stellt,
blendend wie das schnupftuch eines kaisers?

versteht sich: sämtliche zweihundert-
undzweiundfünfzig knochen kannst du noch im schlaf
zusammensetzen, weißt vom huftritt,
erkenntnishart, der präzision im schweif,

den schemen, die sich nachts graubraun
am zaun der weide reiben, hü und brr,
hörst das erstickte wiehern in den gräbern
der pharaonen und eroberer.

und doch bist du jetzt hier, rot wie ein bier-
kutscher und fluchend, mit dem zuckerstück
genialität in deiner tasche und dem tier,
das weder vor geht noch zurück,

nicht reagiert auf deine gerte
und auch nicht auf die möhre, die am band
vor seinen nüstern baumelt wie die kerze
vor der ikone. rühr dich, sagst du bebend.

es rührt sich nicht. es steht da, sieht ins land.

die tümmler

genau in dem moment, als man den motor
drosselte, die scheppernde, gebellte
meldung aufging in der schwarzen blüte
des bordlautsprechers, waren die mütter

vergessen, ihre kinder, die zu brüllen
vergessen hatten, und sogar der rohling
mit sommerhut, wir selbst vor dieser reling
in bunten regenjacken wie pralinen

in einer schachtel, hingen wir im fjord
zwischen dem grund des himmels und dem grund der meere,
bevor unter dem frisch geflaggten

diesel das schiff wieder an fahrt
gewann und all die sprachen wiederkehrten,
wir unseren, sie ihren schwärmen folgten.

das weidenkätzchen

warum sich tante mia wann genau
ein weidenkätzchen in die nase steckte,
verschweigt die geschichte. sicher ist: es wich,
je mehr sie es zu fassen suchte, stetig
zurück in seine dunkelheiten, weich
und weiß, ein hermelin in seinem bau.

der punkt, an dem die dinge sich entfernen;
der augenblick, in dem wir ignoriert
und nur noch zeuge sind oder statist,
bis jener teppich ruiniert,
der flügel aus dem zehnten stock gestürzt ist,
die ganze stadt ein flammendes inferno.

noch war krieg, doch sang die grille
trotz allem in den blühenden zweigen der weide,
im bach stand die mit licht gepanzerte
forelle. und nichts, was half, keine pinzette
und keine stricknadel, bis man die schreiende kleine
in eine klinik brachte. dieser grelle

doppelmond der leuchte und der halo
von lachenden krankenschwestern über ihr –
fast möchte man mitlachen, wäre da nicht
der feine druck, der zwischen stirnhöhle
und nasenwurzel sitzt, hinterm gesicht,
der abwartet, beharrlich, wie ein tier.

drei esel, sizilien

wie sie dort standen, schienen sie ein gleichnis
zu sein: kurz hinter gangi, das als wolke
aus stein gegen den gipfel schlug, ihr eigenes
gemälde hinterm gatter, stumm und völlig

bewegungslos. bis hier die serpentinen,
die mit uns durchs gebirge kletterten,
ein erdrutsch ab und zu, die schneelawinen
der schafe, die über die fahrbahn glitten,

verschwanden; nun ein stilleben mit eseln,
zum greifen nah mit diesen vorhangquasten
von schwänzen, ihren zähen tänzerfesseln,

die rücken unter unsichtbaren lasten
gedrückt und jedes weiche, weiße maul
wie gerade eben erst in einen mehl-

*

sack, in das mehl der fabeln eingetaucht.
wir winkten, riefen, stichelten – sie standen,
auf nichts als auf ihr eselsein bedacht.
wir lockten sie, wir schmeichelten – sie standen,

als wurzelten, als wüchsen sie im lehm,
als nähmen sie mit allen sinnen anteil
an etwas. lauschten sie auf bethlehem?
befand sich noch ein zehntel oder neuntel

von ihnen auf dem weg nach kanaan,
verscheuchten sie noch fliegen aus kartha-
go, aus ägypten? war es also keinen

tag her, nur augenblicke, seit vorm gatter
die kriegerischen haufen
von arabern, normannen, staufern

*

vorüberzogen? wie sie durch den wagen
und uns hindurchzustarren schienen, während eine brise
ins fell griff, jedes der sechs augen
stark wie ein espresso …

voraus die prozessionen, tote hunde,
die fremden worte aus den fremden mündern,
plantagen, plötzlichkeiten, grüner grund
mit einem firmament von mandarinen –

und sie noch immer regungslos, ein riegel
aus grau, wir selbst mehr narren als heroen
und längst vergessen und verdrängt, während im spiegel

jenes beharrlich sanfte V der ohren
noch serpentinenlang zu sehen war,
ein victory, vittoria, victoire.

aus der globusmanufaktur

einmal verlegte ich mein pausenbrot
in einer südhalbkugel, die noch einzeln
und offen war. nun träumt ein junge, bohrt
sich in der nase, sucht die sandwich-inseln.

eine perfekte welt: mit farben, zonen
und einem herz aus vierzig watt im mittel-
punkt; keine kriege, keine sezessionen,
nur der dezente duft von lösungsmittel.

am abend lassen uns die laster
allein in der halle, tragen in leichten
kartons ihr universum in die fenster
der kinder, jenes runde, blaue leuchten;

wir aber treffen uns am nächsten morgen
im ewigen neon wieder, einer als atlas,
der andere als sonnenfinsternis, demiurgen
im kittel, gottheiten mit latz.

im schlaf erscheint mir der äquator regel-
mäßig als linie, der man folgen könnte
durch wälder, länder, kontinente,
als eine klare grenze: jeder vogel

ist zwei vögel, einer vor
und einer hinter ihm, alles ist immer
exakt getrennt, der tag von nacht, der norden von dem süden. winter starrt auf sommer.

jede wolke ist zwei wolken, ein schnee-
ball landet als pfütze. das gebirge stockt,
wird ebene, der kleine see
verliert den namen. linker hand steigt

der rauch vom bäcker auf, rechts wetzt
ein schlachter die messer – und die liebenden winken
sich einmal noch zu, als er sein haus verläßt
und sich bei ihr die jalousien senken.

koalas

so viel schlaf in nur einem baum,
so viele kugeln aus fell
in all den astgabeln, eine boheme
der trägheit, die sich in den wipfeln hält und hält

und hält mit ein paar klettereisen
als krallen, nie gerühmte erstbesteiger
über den flötenden terrassen
von regenwald, zerzauste stoiker,

verlauste buddhas, zäher als das gift,
das in den blättern wächst, mit ihren watte-
ohren gegen lockungen gefeit
in einem winkelchen von welt: kein water-

loo für sie, kein gang nach canossa.
betrachte, präge sie dir ein, bevor es
zu spät ist – dieses sanfte knauser-
gesicht, die miene eines radrennfahrers

kurz vorm etappensieg, dem grund entrückt,
und doch zum greifen nah ihr abgelebtes
grau –, bevor ein jeder wieder gähnt, sich streckt,
versinkt in einem traum aus eukalyptus.

krynica morska

wodka aus fünf ländern, in sieben bleichen
bäuchen schwankend, glucksend, andrzej. wir setzten
rundum an und hoben die flaschen: eine
       wodkafanfare.

nacht, die wie ein fesselballon an ihren
regenseilen riß; ein augustgewitter
zog von norden über die see, zog bis nach
       krynica morska,

bis zum strand, rimantas, den kleiderbündeln,
abgelegt zu friedlichen tieren: jeder
blitz riß uns das dunkel vom leib, wir standen
       nackt wie ein stamm da,

eben erst entdeckt. und wir rannten, ilya,
schlugen wellen hinter uns zu und trieben
zwischen schwarz und schwärzer, halina, mikhel,
       schmuggelten all das

hochprozentige durch die brandung, während
uns im rücken, unter dem kettenlicht, die
massenschlägerei in der bar poseidon
       ohne uns anfing.

anna

wir wußten alles über ihre scharte,
doch nichts von freunden oder von gemahlen,
nichts von den briefen unter ihren händen,
nach lilien duftend und mit einer weichen
schrift bedeckt, bis sie den umschlag glattstrich,
ein angelecktes präsidentenhaupt

in eine ecke klebte. wie uns überhaupt
nur eines interessierte: ihre scharte,
der kratermund, der dünne lavastrich
hinauf zum nasenloch; uns auszumalen
wie nachts die menschliche gestalt zu weichen
begann und wie sie schrumpfte, aus den händen

zwei pfoten wuchsen und sie mit behenden
sprüngen den weg hinunter, durch das haupt-
tor hoppelte, die fellbedeckten weichen
vor kälte zitternd, und nach wurzeln scharrte,
um sie mit hasenzähnen zu zermahlen,
während der mond als sichelscharfer strich

erschien oder mongolisch um die häuser strich.
wir suchten nach der erde an den händen,
nach gräserflecken, irgendwelchen malen;
wir wollten wissen, was sich nur behaupt-
en ließ, doch nichts – nur jene scharte
wollte partout nicht von der lippe weichen.

anna im hof, ein laken einzuweichen,
das dann als falter von dem blauen strich
der wäscheleine hing; anna, scharte-
ken lesend, groschenhefte in den händen
oder im roten kleid, bezopft, behaubt
und wie zuvor schon zu so vielen malen

dabei, sich ihre lippen anzumalen,
bevor sie mit dem koffer über weichen
und schienenstränge richtung haupt-
bahnhof verschwand. wie zäh die zeit verstrich –
bis sie am montag heimkam, wie von händen
getragen, näselnd sang durch ihre scharte,

und uns beim kaffeemahlen um sich scharte,
erst übers haupt und dann die brote strich
mit ihren weichen, weißen butterhänden.

schlehen

was war so blau wie abende im herbst
oder schwarz wie die bibel? hing durch nebelschleier,
oktoberschauer, war so herbe, herbst,
daß alles sich zusammenzog? die schlehe.

wir zogen ihnen nach dem ersten frost
am waldrand entgegen: busch um busch barbaren,
verschanzt hinter den dornen – und vereist
der boden, wo wir knieten, nach den beeren

zu tasten, ihrer zarten und damas-
tenen haut, um vorsichtig hineinzugreifen,
zu suchen wie der ungläubige thomas
im wundmal. zeit genug, um abzuschweifen,

an anderes zu denken – an osmose,
die nächste klassenarbeit, nylonstrümpfe,
an nina wriggers' brüste und den kosmos,
der irgendwann in naher zukunft seine
   grenze, jenen punkt der größtmöglichen
   ausdehnung erreichen und zu schrumpfen

beginnen würde, himmel, länder, schule
und stadt, wir selber, bis die ganze welt
von nichts als einem zweiglein hinge: schlehe.
kein wunder, wie schwer die eimer waren, gefüllt

mit tiefster bläue. hinter uns die sträucher –
ein text, fast ganz befreit von den vokalen,
ein dickicht, ein paar wirre federstriche.
die reste überließen wir den vögeln.

versuch über mücken

als hätten sich alle buchstaben
auf einmal aus der zeitung gelöst
und stünden als schwarm in der luft;

stehen als schwarm in der luft,
bringen von all den schlechten nachrichten
keine, dürftige musen, dürre

pegasusse, summen sich selbst nur ins ohr;
geschaffen aus dem letzten faden
von rauch, wenn die kerze erlischt,

so leicht, daß sich kaum sagen läßt: sie sind,
erscheinen sie fast als schatten,
die man aus einer anderen welt

in die unsere wirft; sie tanzen,
dünner als mit bleistift gezeichnet
die glieder; winzige sphinxenleiber;

der stein von rosetta, ohne den stein.

II

laken

großvater wurde einbalsamiert
in seines und hinausgetragen,
und ich entdeckte ihn ein jahr später,
als wir die betten frisch bezogen,
zur wespe verschrumpelt, winziger
pharao eines längst vergangenen sommers.

so faltete man laken: die arme
weit ausgebreitet, daß man sich zu spiegeln
begann über die straffgespannte fläche
hinweg; der wäschefoxtrott dann, bis schritt
um schritt ein rechteck im nächstkleineren
verschwand, bis sich die nasen fast berührten.

alles konnte verborgen sein
in ihrem schneeigen innern: ein leerer
flakon mit einem spuk parfum, ein paar
lavendelblüten oder wiesenblumen,
ein groschen oder ab und zu ein wurf
von mottenkugeln in seinem nest.

fürs erste aber ruhten sie, stumm
und weiß in ihren schränken, ganze
stapel von ihnen, eingelegt in duft,
gemangelt, gebügelt, gestärkt,
und sorgfältig gepackt wie fallschirme
vor einem sprung aus ungeahnten höhen.

melde

für Volker Braun

von staub bedeckt, wie alle pilger,
am rhein entlanggewandert, an der moldau,
eben zurückgekehrt aus spanien, aus bulgar-

ien, fernost: so rastet sie am rand
von äckern und von straßen, nickt nur milde,
wenn wir vorüberrasen, unerkannt,

unkenntlich, winkt uns nach mit ihren zähen blättern;
geht in der landschaft auf wie im gemälde
der firnis, blüht bescheiden, blüht in schmetter-

lingen, solidarisch mit dem schutt,
nicht dem erschütterer, liebt das malade,
das brüchige: ihr staat

ist überall; von pfützen, wo die winzigen klammern
der wasserläufer die wolken halten, der mulde
voll schlamm und unkraut; von jenseits des rostigen hammer-

krans ruft es, von brache, schrottplatz, müllde-
ponie, durchs flirren eines ganzen, langen sommers,
meldet beharrlich, ungehorsamst, die melde.

lazarus

vier tage nur, dann kehrte er zurück,
erst blind wie eine kartoffel, etwas moder
um bart und haare, kroch aus seinem sarg,
einer hölzernen mutter,

und war noch gegen den wind zu riechen.
er schien zu lauschen, ob sein herz noch schlug,
sobald er saß; versteckt hinter den röcken
die kinder, wenn er um die ecke bog,

als würde er weder dem boden trauen
noch seinem eigenen, tastenden schritt.
wir sahen seine frau mit roten augen.
die beiden schliefen jetzt zu dritt.

vier wochen, bis man nicht länger meinte,
im schinken die erde zu schmecken, den lehm
in wasser oder wein; vier monate,
und alles blasser, alles wundersam

und fast schon vergessen –
da steht er plötzlich hinten in der schlange
um brot an, hört man im dunkel der gassen
erneut diese schnarrende feder von stimme,

als ob etwas in ihm zerris-
sen ist, spricht ihn mit »guten abend« an
vielleicht, mit »schönes wetter, lazarus«,
und streckt die hand aus, hält den atem an.

zwei städte

zwei städte, seit jeher verfeindet, jede auf ihrem gipfel. der anlaß
– vergessen; doch irgendwo zwischen den mauern zuckt ein
samenkorn, will wurzeln schlagen.

die massigen körper der kühe von so weit oben, winzige punkte
aus weiß; der wind, der an den feldsteinkirchen kaut. die kühe
von so weit oben

sind zart und zerbrechlich wie sanduhren, rieseln, fließen aus in
ihre schatten, ins schwarz, das wächst und wächst, endlich die
gipfel erfaßt.

zwei städte, jede für sich, funkelnd und kalt wie gebirgsseen.
nachts der schlaf mit dem rupfen von gras, dem schnauben dicht
am grund.

gräber

als die granate aus dem straßengraben
gekullert wird, ist es der maulwurf, rollt
durchs grelle mittagslicht; der gräber eben,
den urgroßvater immer fangen wollte,
nie fing, erschüttert angesichts der narben
und krater, all der frisch heraufgeholten

erde jener jahre; urgroßvater,
der seine frau in etwas ausgefallen-
es kleidete für nur ein einziges, verwischtes foto,
für einen keller, wo es uns beim wühlen
im schrank erschien, ein großer nachtfalter,
eine gestalt aus schwarz, von dünnen hüllen

chitin umwickelt, einer plastikhaut, die
die schweren schwingen schützte, schlaff am bügel;
der maulwurfsmantel, den ich hier und heute
noch rieche, während die verirrte kugel
aus samt und panik sich zur andern seite
zu retten sucht, in ein vertrautes dunkel.

aus dem nordschwedischen winter

für Simon Armitage

und irgendwann entschied er, einfach stehen-
    zubleiben, stand,
während der motor einfror, ein paar letzte
    signale sandte.

er sah am glas die partitur der flocken,
    den dichten schneefall,
sah, wie das land in seinem fell herankroch,
    am wagen schnüffel-

te – reifen, felgen erst, dann türen, griffe
    und seitenspiegel.
ein elch trug sein geweih vorbei, verschwand
    in einem hügel.

während er saß, das weiß betrachtete,
    verzweigte sich
sein denken, wurde leichter, wurde kalt
    und sechseckig.

wie sich die dinge von den namen lösten,
    wege und birken,
und er mit buddhalächeln erstmals ganz
    und gar geborgen,

als sich die decke endlich schloß: die stille,
    ein enzian-
licht, kurze dämmerungen, tage, nächte
    nichts als nuancen;

der puls, der träge wurde, apfelreste,
      ein schlafsack, decken,
sein griff durchs fenster ab und zu, um etwas
      vom schnee zu pflücken,

und vorn am fahrersitz der immer noch
      im zündschloß stecken-
de schlüssel, fremd und schimmernd wie der schmuck
      eines azteken.

als sie ihn endlich fanden, war der winter
      schon fast vorbei,
sein wagen ein oval, umschalt von harsch,
      ein riesenei,

nur mühsam aufzuschlagen. was herauskam,
      verklebt und schmächtig,
war nicht von dieser welt, doch auch des fliegens
      noch nicht ganz mächtig.

die bibliotheken

alexandria fällt mir ein, die dunklen schwärme
von faltern über ihr, der rauch,
der feuerschein, der noch in weiter ferne
zum lesen hätte reichen können, und an stirn und bauch
lange nach mitternacht die stumme wärme
von tausenden verbrannter rollen; auch

paris, new york, ein einziges regal
von murmelnden, von angehimmelten,
verworfenen; der runde lesesaal
der british library, all die versammelten
geschichten darin, vom toten admiral
ein letzter brief an lady hamilton,

noch immer zitternd; tief im vatikan
folianten, nie studiert, weil schon ein schatten sie zerfallen ließe, und das ticken
des staubs; doch denke ich vor allem an die stadt-
bibliothek, an jenen, der vom ersten tag an
mir auffiel, immer da war, heimlich blatt um blatt

die bücher aufaß, fraß, mit irgendwelchen geistern
zu ringen hatte, bis man ihn verbannte,
matteo, den ich sehen kann, als ob es gestern
gewesen wäre, der nie sprach, weil er nicht konnte
vielleicht, bis auf ein grunzen, ein paar gesten,
oder weil er nicht wollte. oder weil er längst brannte.

morchel

an manchen abenden kehrt der gestank
zurück, in einem garten, an der ecke
vor irgendeinem bahnhof – ein lecker gastank,
ein totes, tief im keller einer hecke –,

wie damals im september, als der weiße
hut im wald zwischen den büschen schwebte,
die mädchen kicherten und wir mit heißen
gesichtern, gerade eben

noch kinder, nun schon weniger als kinder,
lachend oder kreischend heimwärts rann-
ten, einer zukunft zu, geburten, ehen, in das unbekannte,

als die gestalt zurückwich in ihr wetter,
armer, dreckiger alter mann
mit wind im kopf, einem schäbigen mantel aus blättern.

versuch über servietten

als kühler origamikranich,
oder mit dem stolz von viermastern
über die tische kreuzend,

immer nach norden, nach norden …
früh genug fällt ein letztes licht
durch hohe fenster, brennt sich

als soßenfleck in ihr weiß,
liegen sie zerknüllt am tellerrand,
mit nichts als dem roten falter

aus lippenstift im innern; früh genug
schweben sie mit ihresgleichen
durchs fegefeuer der großwäscherei,

nicht wissend, wozu sie am morgen
auferstehen unter den flinken
händen der kellnerinnen: wird es

ein tänzchen, den belagerten voraus,
die schönheit einer kapitulation?
der späte trick eines betrunkenen,

ein schlüssel, der verschwindet? oder
das lästige summen, jener druckfehler
von fliege im tischtuch, ihr kleines, verschmiertes F?

maulbeeren

so dunkel und süß der saft, daß überm bach
die fledermäuse stiegen, immer flach
am blattwerk, um als flinke, schwarze scheren
die früchte abzuknapsen, zu verzehren
im flug. die sonne hinter jaffa schwach,
und alles, was man denken wollte, dach-
te, enger, kleiner als ein handschuhfach …
sag: maulbeeren, und wieder: maulbeeren,
                  so dunkel und süß
allein das wort im mund – schon sind sie wach
und wollen mit dem schattenhaften krach
von tausenden von flügeln sich vermehren,
hängen bei tag in ihrem schlaf, in schweren
und dicken trauben unter deinem dach,
                  so dunkel und süß.

die vögel, waratah street

für Maritta

I

wir stellten die koffer ab
und wurden eine voliere.
winterstürme, ein zimmer,
das möwen noch höher schraubten,
und gegenüber im park
die palmen nickten, nickten
wie pferdehälse im wind.
ein yachthafen warnte vor haien
und in der bucht traf die fähre
auf ihren schatten, den wal.

II

tage, von nichts erleuchtet
als vögeln: die beiden loris,
die schon am ersten die farben
des ganzen monats verpraßten;
der metzgervogel mit schürze
aus makellosem gefieder,
mit seinem flaschenhalsflöten;
blau maskierte honigfresser,
versteckt in einem wipfel
der lachsack des kookaburra
und jener namenlose,
der mit dem rostigen ton
von alten brunnenwinden

uns wach hielt, klagte, klagte,
bis endlich ein morgen klar
und schimmernd heraufgeholt war.

III

als wir uns umdrehten, war es
der kakadu, der unserer spur
aus maiskörnern gefolgt war,
mit all seinem weiß am sims,
den klugen wacholderbeeraugen
und einer gelben haube
aus federn, die er aufschlug
wie trickspieler ihr blatt,
die tänzerin ihren fächer;
seeanemonenhaupt
und schwarze schnabelzange –
bevor er sich fallen ließ
und über die bäume glitt,
kreischend in die dächer schmolz –,
die uns in die finger zwackte,
als wollte, müßte er prüfen,
ob es uns wirklich gab.
und wirklich gab es uns.

im brunnen

sechs, sieben meter freier fall
und ich war weiter weg
als je zuvor, ein kosmonaut
in seiner kapsel aus feldstein,
betrachtete aus der ferne
das kostbare, runde blau.

ich war das kind
im brunnen. nur die moose
kletterten am geflochtenen
strick ihrer selbst nach oben,
efeu stieg über efeuschultern
ins freie, entkam.

ab und zu der weiße blitz
eines vogels, ab und zu
der weiße vogel blitz. ich aß,
was langsamer war. der mond,
der sich über die öffnung schob,
ein forscherauge überm mikroskop.

gerade, als ich die wörter assel und stein
als assel und stein zu begreifen lernte,
drang lärm herab, ein hasten, schreie,
und vor mir begann ein seil.

ich kehrte zurück ins läuten der glocken,
zurück zu brotgeruch und busfahrplänen,
dem schatten unter bäumen,
gesprächen übers wetter, kehrte
zurück zu taufen und tragödien,
den schlagzeilen, von denen
ich eine war.

III

nagel

kaum in der wand, war er die mitte,
schnellte sein radius
über die gärten, felder, rübenmiete
hinaus, die hühnerställe, das radies-

chenbeet, wurde umfassender, mondial:
wir hängten die hüte auf. wir hängten strick-
jacken und rahmen, hängten regenmäntel
und schirme auf, bis wir ihn fast vergaßen, dessen harter blick

noch da sein wird, wenn wir längst ausgezogen
und stadt und haus und straße
verschwunden sind – so unbeirrt weit oben,

so glänzend über west und ost,
daß sich im dunkeln navigieren ließe
nach ihm, und alten seefahrern ein trost.

nach canaletto

vor allem himmel und vor allem wasser,
die ganze stadt von der lagune
verdoppelt, während auf der mole ein paar fässer
gewittern, wellen an den mauern lecken;
ein maharadscha oder großwesir
vielleicht, und prachtvoll wie ein leguan
im hafenbecken dessen karavelle,
die regungslos und satt auf der geriffel-

ten bläue ausruht; masten, takelage
als fremdartige schrift, die nichts als ferne
bedeuten will, dazu das kehlige
geschrei von möwen, händlern aus verona
und mantua. dort wartet die kalesche
im schatten der arkaden auf die feiern-
den, dort der löwe von sankt markus,
von so viel bronze zahm; jede markise

gestreift und die fassaden der palazzi
ein ganzes heerlager, weil schon ein regen
die halbe stadt zerstört, die bunten pilze
der buden: sommer, und die wolken segeln
vorbei – nur ab und zu wird eine blasser
und schwer, muß sich auf die kanäle legen,
hängt ausgeblutet wie ein schweinskadaver
von irgendeiner rah. und du: geh tiefer

ins bild, verschwinde zwischen den kulissen,
den hellen bögen und den fauligen
kloaken, statuen und steinkolossen,
jeder zerbrechlicher als ein flakon,
im duft von zwiebeln und kartoffelklößen.
es gibt die fahnen und es gibt die flaggen
der tropfenden wäsche, das gehißte laken
vorm fensterbrett, das sagt: keine lakaien,

sondern gesandte sind wir, jede schwiele
wird unter deiner lupe so pompös
wie eine kirchenkuppel. auf der schwelle
der bettler, vogelkäfige aus bambus,
ein korb mit fischdukaten; besen, schaufel
und seine eminenz, erwischt beim pis-
sen an der wand. der weiße lederhand-
schuh eines tintenfischs an einem stand.

was singt die frau auf dem balkon? was flüstern
die pärchen an der brüstung, wohin fahren
die gondeln? nagt in einem von den priestern
ein zweifel, und von welchem land erfahren
die hörer da vorne, worauf weist er hin,
der mann mit gehstock, dem verdorrten farn
von feder am hut? die fliederpelerinen
der stutzer auf dem hochzeitskahn, die plärren-

den kinder; hier ein hund, der statt zu bellen
an seinem knochen nagt, selbst blankgenagt
vom gleißenden licht, die packen und die ballen
des stoffverkäufers, noch verpuppt, noch nicht
geschlüpft, die später erst auf maskenbällen
die flügel öffnen, um durch eine nacht,
die es nie geben wird, zu schweben
als falter aus brokat: das ganze leben

ein tag mit seinen leuchtenden perücken
und strümpfen, wo die flotte der dreispitze
sich trennt, sie noch ein weilchen über brücken,
durch gassen weiterkreuzen. die trapeze
aus sonne auf den häusern, die burgun-
derroten, schwarzen schatten auf der piazza,
und immer noch wie georg mit dem drach-
en jener schornsteinfeger auf dem dach.

antonio canal, geboren
als bühnenbildner, bald eine legende
wie einhörner, die strömung vor kap hoorn,
beim feilschen pfiffiger als jeder kunde,
der ohne lärm und seltsames gebaren
nur saß und malte, malte, um am ende
gerahmt zu werden durch ein grab,
das unauffindbar bleibt, um ohne cherub

aus marmor, ohne schüler zu verschwinden,
als ob es ihn niemals gegeben hätte –
wenn da nicht ruderstangen wären, wanten
und pfähle, taubenschwärme, lose bretter,
die pflanzen in den töpfen, brunnenwinden
und giebel, die wie karten beim *tresette*
sich ineinanderschieben; wäre da nicht
vor allem wasser, und vor allem licht.

portafortuna

ich habe nicht den buckel eines zwergs
in neapel berührt, ein letztes kleines tier
aus sonne auf dem dom, im netz des maßwerks,
doch da war ein jetzt, und da war ein hier.

hielt ich am ohridsee mein ohr gepreßt
an marmor, um dem kalten herz von naum
zu lauschen, hin und her und ohne rast
in seiner kammer ewigkeit? wohl kaum.

war in subiacos kloster nicht versucht,
den blanken fuß von benedikt zu küssen,
ein schwalbenpendel kreischend in der schlucht.
doch es gab einen ort, ein plötzliches wissen.

ich habe nicht in dublins feuchter krypta
die mumie eines kreuzfahrers gestreift,
den handschuh seiner hand, das feingerippte
lederwams der haut, gegerbt, gestrafft,

während der alte wärter an der tür
sich in den schatten, in sein kichern wand,
doch da war ein moment und das gefühl,
daß etwas sich im innersten verband,

mich ahnen ließ, was mir für alle tage
erhalten bleibt, was ich stets mit mir trage.

erinnerung an buffalo

nach dem konzert, der symphonie von bruckner,
die größere symphonie, aus der prärie
ein wind in den straßen: wir, die häuserschluchten
und jener mann mit kamera und bayri-

scher lederhose; der zerfetzte skalp
eines plakats, die gelblichen kojoten-
augen der laternen, ein galopp
von leeren dosen. und dort kauerten

auch sie, die musiker, hinter *forugh's*
persian cuisine, dem nur vom schnee erhellten
kino apoll in ihren schwarzen fracks,

im dichten fall der flocken, föderierte
von nacht und kälte, an der haltestelle
zusammengedrängt, und wie geteert und gefedert.

der letzte von zanigrad

für Ludwig Hartinger

die nächsten nachbarn, die holunderbüsche
    am dorfrand, leihen
kein salz, und hinterm weiher, hinterm wehr
    ein lauernder reiher,

der werfender und speer in einem ist;
    verblaßte gardinen,
die mir durch leere fenster winken, wenn ich
    nach beeren und kräutern

zu suchen beginne, meine fallen prüfe,
    und einmal, im dreizehn-
ten mond, die beiden hirsche, die ich abzog
    wie zwei matratzen.

nichts blieb von all den neunmalklugen, all
    den bürokraten,
bis auf den wind, der in den häusern wühlt,
    in struppigen gärten;

nichts von dem zug, der in der kurve hielt,
    dann weitereilte.
am schönsten zwitschert es im baum, den man
    vor jahren schon fällte.

ich bin der letzte. ab und zu der rabe,
    der ein experte
für schwärze ist, und auf der postruine
    das leichtere porto

zweier kohlweißlinge. nichts wird mir folgen,
    alles zerlaufen,
mit mir verschwunden sein: im weiß der karten
    hausen die löwen.

die tennisbälle

die ära von borg und mäckenroh,
nur kurz nach ararat
und sinai, und die stechmückenruhe
der weiden abends, während noch das rot

der tennisplätze uns im rücken pochte
und pochte: zwischen porös-
en kuhfladen, dem winzigen achat
von ackerminze oder ehrenpreis,

jenseits des maschendrahts, der pfosten aus beton,
der hage-
butten-
hecke

und ihrem simpleren planetenmodell,
fanden wir sie, mit einem volley
oder mit einem fluch aus dieser welt
herauskatapultiert und nun als fauli-

ge kugeln, braun, entstellt
wie schrumpfköpfe, weder ernte
noch blüte erwartend, vor uns auf dem feld,
doch kostbar wie die eier einer dronte.

sie schienen etwas lehren zu wollen,
bärtig von moos, wenn sie in schmutz, in
schlamm gehüllt statt abzuprallen
mit einem greisenschmatzen

liegenblieben am grund
oder ihr innerstes uns auftaten
mit muffiger luft darin, einem mund-
voll atem –

von jenem winzigen moment
beim stand von null zu
null vielleicht, in dem ein kontrahent
zum aufschlag ausholt, blinzelnd vor der walze

aus sonnenlicht über dem platz
nicht sicher sein kann, ob der ball im fall, im
flug ist, ob er nicht allem zum trotz
noch steigt und immer höher steigt
          mit seinem dottergelben
          filz, dem leuchtenden flaum –,

bevor wir sie dem wetter überließen,
andere wunder im sinn, entferntere küsten,
vergessen, bald versunken in den wiesen
und schon auf halbem wege zum gestein.

kentaurenblues

wir haben helden vergiftet, prinzen gelehrt,
haben helden vergiftet, faß um faß geleert,
und doch war alles irgendwie verkehrt.

wo hört das roß auf, wo beginnt der reiter?
wer weiß schon, ob er roß ist oder reiter?
etwas hielt inne. etwas galoppierte weiter.

die mutter, eine wolke, die uns aufzog,
bis jene düsterere wolke aufzog,
unter den fesseln durch die wiesen flog –

und wir, berauscht vom raub, mit dampfendem fell,
ein lärm in den wäldern. heute dampft kein fell,
klappert kein huf mehr, und die nacht ist grell.

wenn du am fluß stehst aber, suche im dunst
nach den vertrauten schemen. rechne mit uns.

versuch über silberdisteln

für Reiner Kunze

es gibt die konstellationen
des südlichen und des nördlichen himmels,
und es gibt sie: die silberdisteln.

zu finden beim vieh, auf den weiden,
nicht in den glashäusern und parks.
ihr trick: so dicht am boden
noch schweben zu können,

in asterisken zu glimmen,
bevor die frühe nacht
als schatten einer kuh auf sie fällt.

auch jener astrologe,
der im dunkel zu lesen versteht,
barfuß über die wiese geht,
wird an sie denken.

torf

für anfänger, hatte im buch gestanden,
auch ohne wegweiser ein klacks.
was folgte, waren stunden
um stunden durch die kälte mit dem glucks-

en und furzen
des deinen linken schuh und ganze urwälder verzehren-
den moors, auf moose tretend, hügelwarzen,
ein balancieren

wie über eine herde von kamelen,
die filzigen, vergilbten höcker
aus gras; meilen um meilen
mit einem klumpfuß schlamm an der hacke

und immer wieder jene durch ein flöz
getriebenen gänge, das archiv von torf,
während zu allem überfluß
der himmel seine schweren tore auf-

riß und du bibbernd
den körper weiterzogst, an noch mehr torf
vorbei, dein innerstes von regen troff –
ein umgekippter stoß von bibeln,

die durch das zwielicht laufen-
de fußspur eines schattens, torf in scheiben
oder als haufen,
ein gürteltier, erstarrt in seinen schuppen –,

und jetzt, nur zwanzig meter von der stelle,
wo eine straße sich entrollt, mit münz-
schlitzaugen, dem scheitel
der hörner, dick wie oberarme eines mannes,

ein kapitaler widder oder bock
am ende dieses dorfes,
das längst verlassen worden ist, der gott
des torfs,

der dich durch seine maske
aus ebenholz anstarrt, wartet,
und du, ganz auf die mosaike
von schafsmist konzentriert und ohne jede frage, ohne antwort,

nur mit der wahl, dich umzudrehen,
zurück ins hochmoor, zu den singen-
den winden, oder endlich unter tränen
vor all der schwärze auf die knie zu sinken.

die blutbuche

für Ursula Peters

es war so plötzlich still, daß ich den kuchen
wachsen hörte, den rosinenteig
in meiner küche und in all den küchen
der welt ringsum, das ticktack

der uhr. sonst kein geräusch, kein lärm –
bis aufs vibrierende, das leise zittern-
de schwarz am fenster, winziger alarm
der fliege, ihrer glocke aus chitin.

im vorratskeller niemand, nur das schummer-
licht der regale, kühle buntglasscheiben
aus eingemachtem; leer die kinderzimmer,
das bad, die stube, im geräteschuppen

ein geist von altem gras. ich schloß die pforte
und lief vorbei an sonnenwarmen zäunen
aus holz, vom duft verdoppelt, und zum ort
hinaus, vorbei an feldern, weiden, seen,

durch einen wald und bis zu jenem baum
(an meinen händen immer noch das mehl),
der aufstieg aus der wiese wie ein traum
aus einem schlafenden, ein taj mahal

aus laub und winden, flammende pagode,
ein leuchten, und im innern dann das helle
lachen über mir, das vollgepackte
geäst, als ich nach oben sah. und da saßen sie alle.

giovanni gnocchi am violoncello

giovanni gnocchi spielt bach, während draußen
der sommer ist, die hitze, die stadt.
die göttlichste hummel aber ist hier,
verirrt im kühlen saal, fliegt träge
von note zu note, von blatt zu blatt.

giovanni gnocchi spielt bach, aber bach
spielt auch ihn, läßt seine finger klettern
wie blasse matrosen in der takelage,
während draußen die hitze ist, juli, die stadt.
und alles setzt segel. und alles legt ab.

IV

verabredungen für die kaimanjagd

du das messer, wendig und scharf genug, um
ihnen aus dem anzug zu helfen, ihren
edlen lederflanken. den knüppel ich, nur
    sicherheitshalber.

ich das flache boot, das aus eingebung und
wagemut zusammengenietet wurde,
unsichtbar für wildhüter, selbst für hunde
    nahezu lautlos,

du die taschenlampe, den lichtstrahl, der die
echsenaugen findet, verräterisch im
wasser leuchten läßt, falls mein tropenvollmond
    nicht schon genug ist.

ich die mücken, ich die mangrovensümpfe,
du die jaburus mit den langen beinen,
federgondeln neben uns, friedlich durch die
    dämmerung stakend,

die vom himmel sinkt, und die dämmerung, die
aufsteigt von den wassern, bis man nicht weiß, ob
man gespiegeltes oder spiegelbild ist,
    bis unser blechkahn

mitten durch die konstellationen gleitet,
hungrig, kalt. ich halte die richtung. nimm jetzt
du die flinte. ziele genau ins dunkel
    zwischen zwei sternen.

riß

der sommer, als sie mich nach drinnen riefen,
mit schwalben, die präzise wie skalpelle
über die felder schnitten, jenen reifen
gewittertrauben hinter der kapelle,

und gerade als die katze wie gestochen
zum keller rannte (der instinkt der tiere,
der urkontakt), fast in mir selbst das krachen,
vom turm der eine schlag. da war es vier.

am nächsten morgen ließ uns der vikar
nach oben: kohletauben, brandgeruch,
die meisterglocke aus der zeit der fugger –

beim nähertreten erst sah man den riß,
der feingezackt über das kupfer kroch
wie ein insekt, gefangen unterm glas.

elch

der warme doppellauf wie eine schlag-
ader in meiner faust. ein kurzer knall
und schon vorüber, während noch von tal
zu tal das leuchtfeuer des echos jagt.

um mich versammelt ragt die stumme runde
von onkeln auf. die bärte, eingeflochten
die perlen aus eis darin; das rinnende
wasser unter schneebedeckten schluchten.

wir folgen seiner blutspur um den buckel
des hügels. übelkeit, ein spätes licht –
dann seine schaufeln, um die luft gelegt
wie hände eines champions am pokal.

die etüden

vergeben sie mir, maestra, aber
ich haßte sie und ihr klavier,
die teppichdumpfen mittwochnachmittage,
die falben klepper-

zähne, die gebleckte tastatur,
zögernd vor einem haus,
an dem der efeu seine partitur
bis über alle rinnen wuchern ließ,

dem butzenglas der tür, wo sich das licht
brach, dann zu bündeln schien, zu schwimmen,
bis etwas großes durch den brunnenschacht
des hausflurs stieg, bis sie, madame, erschienen,

perfekt und streng wie eine fuge
auf mich hinuntersahen, sich erbarm-
ten und mir öffneten, den *boogie woogie*
für anfänger unterm arm.

wie gut ich heute ihre ungeduld
verstehen kann. die tonleitern, die längst
verklungenen akkorde – unvermittelt
kehrt alles wieder, wenn ich dem gespenst

ihres parfums, schwer wie ein letzter akt,
im bus oder im supermarkt
begegne: dieser unerbittliche takt
des metronoms mit seinem eichensarg,

aus dem ein dürrer totenfinger kam,
die pendeluhr, die fotos an der wand,
davor das schwarzlackierte ungetüm,
in dem sie etwas hören konnten, was ich nicht verstand,

all die zweiviertel- und dreisechstel-
etüden, jene schimmern-
de lampe tee auf dem tisch. und ich verwechsle
noch immer schubert und schumann.

pieter codde: *bildnis eines mannes mit uhr*

I

kaum daß ich sie halte:
als hätte sie auf meinen fingerspitzen
sich niedergelassen, nur um kurz zu sitzen
und auszuruhen wie ein falter
von seltenem glanz,

der seine flügel öffnet, schließt,
sie öffnet, schließt,
dann golden weitertanzt.

II

ich könnte alles sein, rauhbein
und unglücksrabe, der das regennasse
gefieder schüttelt, während sein rubin
als auge in die schenke leuchtet; einer, der nur so
zum spaß zu singen anfängt, bis die pelzigen raupen
des schnurrbarts tanzen unter seiner nase;

ein tulpenspekulant, ein reeder,
der sich versteckt hält hinter butzenscheiben,
von reisen träumt nach ceylon und retour,
während die kannen in den höfen scheppern,
die kühlen milchlaternen haarlems oder rotter-
dams. vernehme ich im schlaf das schaben

der taue? muß ich weinen, wenn die graugän-
se weiterziehen, ist mein wams benetzt
von rauch und pulver dutzender von kriegen?
ich könnte alles sein, opportunist
und ränkeschmied – der runde, weiße kragen
aus seide kunstvoll wie ein wespennest.

III

wieder geht dein blick
zurück zu dem detail: du siehst den bart
am kinn, das grau darin, und den bestick-
ten ärmelschlitz; du siehst die borte

am umgeklappten hemd, wo flocke
um flocke schnee vernäht ist, und die schläfe,
von der die locke hängt wie eine flagge
jenseits der grenze, ohne winde, schlaff.

mein breitkrempiger hut, der wie ein loch
dahinter klafft, ein tintenfäßchen,
das umgekippt ist, dessen lache

sich langsam ausdehnt, deren schwarz mich einsaugt,
während das auge spricht: bleib noch ein bißchen,
perfekter falter, tickendes insekt.

versuch über zäune

manchmal klaffte ein loch im draht,
als hätte sich ein satellit
zu nah an die erde gewagt, aus sehnsucht
nach gräsern, nach dem roten tulpenfunk,

oder eine weiße planke hing
so lose, daß man sie ziehen konnte,
durchs grinsen eines vagabunden
in aufgeräumte gärten stieg.

alles begann ja erst hinter ihnen,
das ahnten wir, wenn sie uns lautlos folgten,
durch wiesen, elektrisch vom grillensommer,
vorbei an koppeln, am wippenden korn;

auf ihren warmen rücken zu sitzen,
mit rittersporn am fuß und einem pulk
von brennesseln im gefolge, hier
ein wimpel gelber wolle, dort

am holz der prachtvolle doppelmond
eines ackergauls, und hin und wieder einer,
der unbezwingbar blieb – nur das gespenst
des löwenzahns zog mühelos hindurch.

wo die große straße abbog,
trennten wir uns. aus einigen wurden diebe,
aus anderen kirschbäume. oh, die amsel glühte,
wenn wir am abend in den betten lagen.

eule

»Schwebe ohne Eile, Eule,
Durchs Dunkel, deine Aula, Eule,
Für dich und mich, uns alle, Eule ...«

still wie eine urne – bis die rufe
hoch über den köpfen
uns stocken lassen, sonderbar, als rufe
etwas durch sie hindurch; im braunen oder kupfern-

en federkleid zwischen den zweigen sitzend,
mit einem weißen schleier, zart wie mehltau
und brüsseler spitze,
verstreut sie die grazilen amulette

ihrer gewölle,
kaum mehr zu sehen, eher noch zu spüren;
der schlußstein in dem großen laubgewölbe;

ein gelber spalt und noch ein gelber spalt,
zwei augen hinter den tapetentüren
aus borke, dann der wald. der wald. der wald.

sarajewo

der zehnte weiße friedhof
an einem jener hänge
ist ein ensemble
von bienenkästen: sammelt
den honig, fleißige tierchen,
winzige tote.

grottenolm

I

kaum wirklicher als das einhorn
und selten wie sphinx oder drache,
für dessen brut man ihn hielt,
als er sich erstmals zeigte, medusenhaupt
im spiegel eines baches;
schneeweißer fisch mit vier beinen,
wie die bauern ihn nannten,
dem schrei eines menschen.
seine kunst: vergessen zu werden.
so wird er alt. so überlebt er
die nach ihm suchen.

II

in einem reich ohne licht
und ohne farben, ohne wind,
sitzt der olm, der keine feinde
außer der sonne hat, zarter als die arbeit
von glasbläsern ist, kaum schwerer als ein brief
und leichter als ein schluck wasser.
weiß er nichts von unserer welt
oder weiß er alles? mit einer haut,
so durchlässig, daß sie nichts verwehrt
und alles aufnähme an giften,
an reichtümern, beschränkt er sich
aufs wenige, verzichtet aufs essen,
sogar auf den eigenen schatten.

III

ich muß dir nahe-
gekommen sein, damals
hinter der grenze,
von der du nichts ahnst,
im karst, jener gegend,
in der noch immer
verschwinden kann,
wer spät in der nacht
zum rauchen hinausgeht
auf löchrigem grund,
hoch überm system
von grotten, wo rost
auf waffen lagert,
vielleicht gar soldaten
ergraut auf ein ende
des krieges warten,
jahrzehnte nach ende
des krieges, wo du,
geschmeidiges S,
durch leeren fliegst,
die dir sicher sind,
in päpstlichem weiß
durch höhlen, himmel,
kälterer bruder,
durch episches dunkel
mit nichts als der uhr
aus tropfendem wasser
und blind wie homer.

die sonntagshand

da lag sie, zwischen den pestmasken
und taufspritzen, in einer der vitrinen
zwischen klistierstuhl, spuckkasten
und tretbohrern von vätern, urgroßvätern,

trat aus der dunkelheit wie ein relikt,
schimmerte wächsern unterm halogen-
licht, seltsame reliquie
von einem namenlosen heiligen.

nicht wie ihr gegenstück, die arbeitsklaue
mit ihren haken, greifern, ösen,
vollkommen nutzlos: beim klavier-
spiel stumm im schoß, während der festtagsessen

kalt wie ein zweiter hecht neben der gabel,
beim skatspiel weder trumpf- noch geberhand
(ein blasser falter überm schwarz der bibel,
als schattenwurf ein einziges bild: der hund),

und doch auf kümmerliche art perfekt,
beständiger als ihre warmen schwes-
tern, niemals faltig, nie gefleckt
und haarig, zitternd oder naß von schweiß,

und uns, die wir als allerletzte gäste
den saal verließen, späte adressat-
en ihrer einen, ihrer leeren geste,
schon fast vertraut und irgendwie ein trost.

regentonnenvariationen

ich hob den deckel
und blickte ins riesige
auge der amsel.

*

unterm pflaumenbaum
hinterm haus – gelassen, kühl
wie ein zenmeister.

*

eine art ofen
im negativ; qualmte nicht,
schluckte die wolken.

*

gluckste nur kurz auf,
trat man zornig dagegen,
aber gab nichts preis.

*

als stiege durch sie
die unterwelt hinauf, um
uns zu belauschen.

*

silberne orgel-
pfeife, fallrohr: dort hindurch
pumpte das wetter.

*

einen sommer lang
ganz versunken. dann, bei sturm,
schäumte sie über.

*

bleib, sprach das dunkel,
und dein gesicht löst sich auf
wie ein stück zucker.

*

alt wie der garten,
duftend wie ein waldsee. stand
da, ein barrel styx.

*

ich hob den deckel,
zuckte zurück. der amsel-
gesang dunkelte.

*

übervoll im herbst,
lief sie aus in hunderten
schwarzer nacktschnecken.

*

was ich im kopf be-
hielt, eingefaßt vom rund: das
medaillon »ratte«.

*

ein letzter tropfen
vom baum. in der stille, still,
der bebende gong.

*

ein grübeln, grübeln;
im winter die erleuchtung
als scheibe von eis.

V

lamento mit yak

trägt sein gebirge übern paß,
bepackt mit seide, einem sack
voll reis, gerät auf schmalstem grad
nicht aus dem tritt, dem takt; vorbei
am flugzeugwrack, der yetispur,
in seinem stall himalaya,
vor weißgezackten gipfeln: yak.

die zotteln, sein schamanenhaupt ...
mit dem geschmack von milch im mund,
so fett, daß man sie kauen kann,
zu sehen, wie er rackert, rackert,
am bach, dem katarakt aus eis.
die augenkugeln – schwarzer lack
mit einem schwachen licht im innern, ach.

bei nacht die knackenden feuerstellen,
sein dung, von sonne gebacken, darin,
der rauch über der ebene, dem acker;
bei nacht das kalte flackern der sterne,
das krachen der lawinen, während
sein nackter schädel zwischen dach
und fensterrahmen wacht, doch ach,
doch ach, yak, ach, yak, ach.

die tassen

für Jan Kollwitz

die aufgabe war einfach: eine tasse
zu töpfern, die dem ehrwürdigen meister
gefiel. er war auf einer nußschale
von schiff in see gestochen, hatte reif-
lich überlegt, bis er den weg einschlug
nach asien, doch folgte seinem licht

ins dorf des meisters, schlief in zwielicht-
igen kaschemmen, bis er eine tasse
geschaffen hatte, die ihm alles schlug
oder zu schlagen schien, was selbst dem meister
gelungen war, beinahe aus dem stegreif.
es war soweit. er hatte sich in schale

geworfen, auch wenn er in kein chalet,
nur einen schuppen trat mit einem talglicht,
blakender kleiner mond mit seinem reif.
doch wie erblaßte er, als seine tasse
gedreht, gewendet wurde, als der meister
sie ruhig und ohne zorn in stücke schlug –

wie er auch jede weitere zerschlug,
sooft er kam. und nichts, keine pauschale
bewertung, nie ein wort von seinem meister,
kein zeichen. führte man ihn hinters licht,
war er mehr narr mit jeder neuen tasse?
warum nicht eine vase, einen armreif?

wo hitze war, kam nebel, deckte reif
den goldfischteich; sein fenster, das beschlug.
zu wachsen, die idee von einer tasse
ganz auszufüllen wie die frucht die schale …
er saß, formte vom morgen bis zum licht
des abends seinen ton, stets mit dem meister

im sinn – und nichts als etwas dünne maister-
rine, manchmal, wenn auch überreif,
ein pfirsich. seine haare wurden licht
und weiß, bevor erneut ein sommer umschlug
in winter, und am gaumen jener schale
geschmack, als er zum ungezählten mal
        jene in form und farbe ganz und
        gar identisch aussehende tasse

dem meister gab – der lächelte, die tasse
ins licht hielt und ihm auf die schulter schlug:
denn er war reif für seine erste schale.

koi

die ursuppe von teich, hinter den giebeln
der palmenhäuser: koi, wie sie sich drängen,
als goldene fäden einen gobelin

aus schwärze durchwirken, ihre bahnen
schwerer vorherzusagen als kometen;
das runde maul, das nichts als ihren namen

zu formen scheint, wenn sie den punkt berühren,
der luft von wasser trennt, ihr kammerton
zu hoch oder zu tief für unsere ohren,

unhörbar: koi, ein firmament aus geld
am grund des beckens, unter ihnen hängend,
verliebt ins schummrige wie jede glut,

neben dem plankenweg ein schweben, schwelen.
etwas von ihrer hünenhaften ruhe,
dem sturen herzschlag sollte übergehen

auf mich, wenn ich die hand ins dunkel halte
und warte auf den kalten stoß, das rauhe
paillettenkleid; und so beginnt das alter.

auf neuseelands wind

für Lorenzo Buhne

kein tag für schirme und hüte:
er packt die doppelseite einer zeitung,
die majestätisch wie ein riesenmanta
zur mole schwebt, und tätowiert die haut
mit winzigen nadeln, spricht in jeder heizung,
in jedem rohr. kein monat,

kein jahr für röcke oder fönfrisuren,
für lockenwickler und kämme,
wenn er die lämmer aufscheucht und wie schach-
figuren
über die weiden schiebt, über die hänge;
steigt unter jedes dach

und schmiegt sich zwischen wände und tape-
ten, dehnt die flüchtige dynastie
von wellington bis auckland und retour,
treibt ozeane über den lake taupo.
von norden her die schwefeldünste
um rotorua,

das blubbern von heißem schlamm,
die asche des tongariro;
von osten her bläst er den tau
vom silberfarn und knickt am bergkamm
die bunya-pinien, bürstet die araukarie
gegen den strich, so vielstimmig wie der tui,

um den man kriege führte
mit seinen balladen und liedern;
pöbelt über die golfplätze
und trägt die leuchtenden bälle mit sich fort
(du findest sie am späten abend wieder
im sternbild schütze).

vom westen her die weißen blüten
der waratah
und ab und zu ein chor
von buckelwalen; vom süden
die kälte der antarktis, letzte worte
einer expedition, die schon vor wochen erfror.

ficus watkinsiana

beginnt, wo andere aufhören wollen,
    im licht; seilt sich ab aus sich selbst,
    trifft exakt jenes winzige öhr
    im regenwald, fädelt sich ein.

entert den kontinent aus der luft;
    einmal verankert, entrisse ihn
    selbst das gesamte zeppelinblau,
    das über ihn hinzieht, nicht seinem grund:

er wächst, von tau zu takelage,
    von netz zu gitter, erfaßt die form
    perfekt, umschlingt sie, schiebt sich zwischen
    all das, was wirt und nicht-wirt ist.

morgen mit dem blechzerreißenden
    kreischen eines kakaduschwarms;
    morgen mit den jalousien
    von riesenfarn und erster sonne,

die durch die lamellen dringt,
    dem teekesselpfiff eines vogels.
    von irgendwo das leise knarren
    der tür im innern eines stamms:

dort steht er, archiviert, was war, als leere,
    als hohlraum, aber lockt mit früchten,
    die wirklich sind und süß – der baum,
    der an die stelle eines baumes trat.

hippocampus

was blieb, war nicht der halbe limoncello
von mond über neapel, nicht die suite
mit blick auf den golf; was blieb, war das verschwimmen-
de licht, das gluckern hinter dicken gläsern
im meeresinstitut, die seepferdchen,

einander spiegelnd; die zwei seepferdchen,
jedes in seiner rüstung, beinahe gläsern,
die eher zu stehen schienen denn zu schwimmen,
als lauschten sie einander, oder einer suite
von bach, wie f-löcher in einem cello.

die stifter

auf alten bildern kannst du sie betrachten,
die unschuldigen hauben sanft gebläht
wie focksegel, doch reglos, und zur rechten
ein hund, der sie beschnüffelt oder bellt,

was wir nicht hören. immer hingekniet,
immer verzückten blicks, während im zimmer
das wunderbare eben erst geschieht,
das flügelrauschen, nebenan der zimmer-

mann gähnend seine löcher bohrt, die feile
und säge vor sich auf dem tisch, die zange,
mit der aufs haar gespannten mausefalle
im fenster. oder hier, vor jener szene,

bedrückt durch dunkel, das gewittrige
gewölk: hippolytos auf seiner lichtung,
vier pferde, eine dampfende quadriga,
die ihn in jede himmelsrichtung

des körpers zieht, ein kompaß für den schmerz,
ein grauenhaftes x. zu guter letzt
sebastian, nackt bis auf den lendenschurz,
gespickt mit pfeilen, aber unverletzt.

wie wünscht man, daß sie ihren platz verlassen;
erhebt euch, ruft man, nutzt doch eure zeit,
steht auf und tut etwas. aber sie wissen:
nur ein moment der unaufmerksamkeit,

um kurz zu blinzeln oder sich zu kratz-
en, und der stein schiebt sich als kalter riegel
erneut vors grab; verlassen steht das kreuz
und leer bis auf die leiter, ein regal

in einem kellerraum, einem gelaß,
wo gerade irgendwer hinaufgeklettert,
verschwunden ist, das allerletzte glas
mit himmlischem kompott bereits geklaut hat.

die stifterhände, vor der brust gefaltet,
die sich auf den gewändern oder trachten
wie bleiche motten halten – auf den alten,
zerfurchten bildern kannst du sie betrachten.

requiem für einen friseur

weil montags alles ruht, nun alles montag bleibt,
verhängt die spiegel. nehmt der schere ihren schneid.

wer ließe finger kneten, kreisen, bis die wolke
des shampoos aufzieht über uns, wer dirigierte sein gefolge

von fläschchen und den duft, die öle im regal
mit einer schmalen hand? wer wirft die große orgel

aus fönen an und läßt sie brausen, läßt sie schwellen?
nehmt von den farben schwarz, vermischt es mit den hellen.

weil jetzt kein umhang mehr so prachtvoll, langsam wie ein zelt
herabsinkt überm körper, und wer innehält

nicht länger weiß, was es zu finden gilt, wonach zu suchen,
nur daß die haare weiter wachsen, weiter wuchern.

otter

am morgen manchmal tot in den reusen
der fischer, kalt wie eine meerjungfrau,
oder als ewig reisen-
der über felder hoppelnd, über eine au,

sogar durchs gebirge, nicht zu fassen
von jener meute, der gezähnten falle
in seinem dazwischen; ist im wasser
beweglicher als wasser, steigt als welle

an irgendeinem ufer an land,
um unter einer tarnkappe
aus fell durch die dörfer zu ziehen, unerkannt
dem atem der schläfer zu lauschen, den gebe-

ten nachts an einem tisch, in einem bett,
um andernorts erneut ins eigene spiegelbild zu gleiten,
sein weißes bart-
haar straff gespannt wie ein paar geigensaiten.

du siehst ihn im sich neigen-
den abend, auf dem rücken schwimmend,
fast friedlich, fast als spiele er, im nacken
den grund, die fluten, einen zweiten himmel,

bevor der hunger ihn aufs neue packt,
in ihn hineinfährt wie die hand
in einen handschuh, herrisch und exakt.
flüsseplünderer, wasserhund –

er häuft ganze schätze
aus silber an in seinem bau, eine schimmernde
pracht, die bald zu stinken beginnt, pfeift jetzt
wie ein verliebter, wimmert

wie wir, wenn es zu ende geht.
einsam glitzernd liegt der see – so kalt
und leergejagt ist er sein werk, signiert
von einem blankgenagten fischskelett.

versuch über seife

ein stück war immer in der nähe,
folgte seinen eigenen phasen,
wurde weniger wie fast alles,
stand dann wieder voll
und leuchtend weiß in seiner schale.

wog wie ein stein in der faust,
schäumte auf, wurde weicher:
man wusch sich von kain zu abel.

einmal vergessen, verwitterte sie
zum rissigen asteroidensplitter,
doch ruht jetzt feucht und glänzend
wie etwas, das vom grund des sees
heraufgetaucht wird, sekundenlang kostbar,

und alle sitzen wir am tisch:
mondloser abend, duftende hände.

dachshund

»*Wie würden Sie, Comtesse, die Welt sehen, wenn*
Sie – sagen wir – als Dachshund geboren wären?«
(Jakob Johann von Uexküll zu seiner
zukünftigen Frau, Gudrun von Schwerin)

als wald. als jagdausflug. als einen ball,
der auf mich zurollt, kurz vor meinem teppich
den haken schlägt und als hase enteilt.
als einen warmen nachmittag, der sich
        so langhin ausdehnt wie ich selbst,
        bevor erneut eine depesche

aus duft mich erreicht. es ist ein system
von zeichen: hierher!, rufen die disteln
mit ihren stachelfäustlingen, jeder stamm
enthält eine botschaft, altpapier, textilien,

sogar der aufgeplatzte fahrradschlauch
einer überfahrenen schlange.
der fuchs, der jeden abend hinterm bach
entlangschnürt, ist der sonnenuntergang.

mit der erregung des entdeckers
der fährte zu folgen, einem rehkitz,
den wölfen und ihrem beweglichen reich, dem dachs,
der schwarz und weiß gestreift wie ein lakritz-

bonbon in seinem dunkel sitzt; zu bellen,
wie eine rohrpost durch die gänge jagend,
dem scharfen dunst entgegen, ihn zu stellen:
ein plumper, ängstlicher riese, ein gigant,

erstarrt in seinem mantel aus borsten,
während die stimmen sich nähern – der augenblick,
bevor sie da sind, lehm und erde bersten,
man ihn und mich nach oben reißt, ins licht.

selbstporträt mit bienenschwarm

bis eben nichts als eine feine linie
um kinn und lippen, jetzt ein ganzer bart,
der wächst und wimmelt, bis ich magdalena
zu gleichen scheine, ganz und gar behaart

von bienen bin. wie es von allen seiten
heranstürmt, wie man langsam, gramm um gramm
an dasein zunimmt, an gewicht und weite,
das regungslose zentrum vom gesang …

ich ähnele mit meinen ausgestreck-
ten armen einem ritter, dem die knappen
in seine rüstung helfen, stück um stück,
erst helm, dann harnisch, arme, beine, nacken,

bis er sich kaum noch rühren kann, nicht läuft,
nur schimmernd dasteht, nur mit ein paar winden
hinter dem glanz, ein bißchen alter luft,
und wirklich sichtbar erst mit dem verschwinden.

Inhalt

III

IV

V

Der Garten, in dem die Regentonne steht, ist phantastisch weit, reich und offen – eine Welt. In diesem neuen Lyrikband geht es in die Botanik, in die Natur mit all ihren kunstvollen Variationen des Lebens. Jan Wagner lässt den Giersch schäumen, dass einem weiß vor Augen wird, nimmt Weidenkätzchen und Würgefeige, Morchel und Melde, Eule, Olm und Otter ins poetische Visier, zoomt ganz nah ran, überblendet assoziativ, bis der Blick sich weitet und sich das beglückende Gefühl einstellt, für einen Augenblick zum Wesen der Dinge vorgedrungen zu sein. Es ist immer wieder ein Wunder, wie es diesem Lyriker gelingt, Bilder zu schaffen, die in einem Halbvers Stimmungen heraufbeschwören – bis längst Vergessenes oder nie Gesehenes plastisch vor Augen stehen.

JAN WAGNER, 1971 in Hamburg geboren, lebt in Berlin. 2001 erschien sein erster Gedichtband, *Probebohrung im Himmel*. Es folgten *Guerickes Sperling* (2004), *Achtzehn Pasteten* (2007), *Australien* (2010) und *Die Eulenhasser in den Hallenhäusern* (2012). Für seine Lyrik wurde er vielfach ausgezeichnet, zuletzt mit dem Kranichsteiner Literaturpreis und dem Hölderlin-Preis der Stadt Tübingen.